AF357194

NOTICE

SUR

M. ANGRAND D'ALLERAY,

LIEUTENANT CIVIL AU CHATELET DE PARIS,

MORT, CONDAMNÉ RÉVOLUTIONNAIREMENT,
LE 28 AVRIL 1794;

PAR M. DELAMALLE,

CONSEILLER D'ÉTAT.

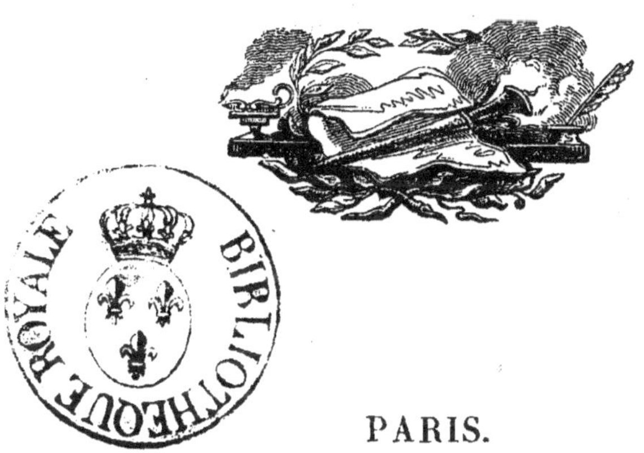

PARIS.

IMPRIMÉ CHEZ PAUL RENOUARD,
RUE GARENCIÈRE, N° 5.

M. DCCC. XXVI.

NOTICE

SUR

M. ANGRAND D'ALLERAY.

Il est des hommes pour qui le devoir et l'honneur sont des lois suprêmes, desquelles aucune considération, aucune difficulté, aucun péril, celui de la mort même ne peut les faire dévier. Parmi ces hommes de si haute vertu, l'histoire signale en France des magistrats qui se montrèrent sublimes dans leur dévoûment au devoir, et leurs sacrifices à l'honneur. Angrand d'Alleray doit être mis au premier rang ; aucun ne l'a surpassé. Comme homme et comme magistrat, il s'est montré supérieur aux situations les plus difficiles, aux évènemens les plus accablans. Spectateur désespéré des scènes sanglantes, et des honteux désordres de la révolution, il y reçut la mort comme un bienfait : la sublimité de ses sentimens, l'héroïsme de son dévoûment, sont cependant peu connus; il en est des traits admirables, qui ne le sont peut-être que de moi et de ceux à qui je les ai raconté. Lorsque j'ai vu dans la Biographie universelle son article si dénué, dénaturant même ce qui fut public de sa vie et de ses derniers momens, j'ai beaucoup regretté de n'avoir pas disputé aux collaborateurs habitués de cet ouvrage l'honneur de signaler cet illustre magistrat à la postérité : c'était même un devoir pour moi qui ai reçu de lui de sensibles témoignages de sa confiance et de son amitié, si j'avais alors connu cet ouvrage où son article se voit au deuxième tome. Je ne remonterai point à ses premières années, à ses fonctions au parlement comme conseiller, au grand conseil comme procureur-général, où je ne l'ai point connu; reçu avocat en 1774, je l'ai trouvé lieutenant civil au châtelet de Paris, où j'ai débuté devant lui par la cause dont le plaidoyer est au premier tome de cette collection.*

Je le considérerai à trois époques; lieutenant civil de 1774 à 1790; en 1789, président de l'as-

---

* *Plaidoyers et OEuvres diverses* de M. Delamalle, d'où cette Notice est extraite.

semblée électorale de Paris, *intra muros*; dans les prisons et au tribunal révolutionnaire en 1793 et 1794.

Lieutenant civil, M. Angrand d'Alleray fut remarquable par un sentiment profond de ce qu'exigeait de lui son ministère de juge. Rendre la justice, une justice exacte, entière, et pure de toute influence, était chez lui une passion qui le rendait inquiet, et souvent indécis; non qu'il manquât de science, mais ce sens timoré qui le dominait le rendait défiant de ses propres lumières, et tourmenté de la controverse qu'introduisait le débat des causes plaidées devant lui, ce qui le portait à mettre le plus souvent en délibéré, après les plus longues plaidoieries, celles portées aux audiences, et particulièrement à celles qu'il présidait seul. Le moindre reproche d'irrégularité, le moindre soupçon de partialité l'affligeait profondément, et il n'avait point de repos qu'il ne s'en fût lavé ou qu'il n'eût réparé sa faute, s'il croyait en avoir commis. S'étant convaincu de l'erreur d'un jugement par lui rendu en son hôtel, et dont le dommage pour la partie condamnée s'élevait irréparablement à une assez forte somme, il ne balança pas à la lui restituer de ses deniers. Dans une cause qui eut beaucoup d'éclat, et à laquelle les parties intéressées mirent beaucoup de chaleur, entre M. de

Custine, qui depuis fut si cruellement immolé
par les révolutionnaires, et l'instituteur de son
fils, M. Girard, que je défendais; lorsque le jugement fut prononcé après délibéré à la chambre
du conseil, je crus entendre que sur un point
important et fixé à l'audience, la décision était
autre qu'elle n'avait été admise par le tribunal,
et j'en fis l'observation; M. Angrand en parut
affecté, et protesta de l'exactitude du prononcé.
Aussitôt l'audience levée, il me fit dire de le
venir trouver à son cabinet; et là, m'ayant fait
asseoir, profondément ému, et protestant de sa
droiture et de son exactitude, il se donna la
peine d'entrer dans tous les détails propres à
m'en convaincre, tellement que, pénétré de tant
de délicatesse et de bonté, je fus consterné de
l'erreur et de l'indiscrétion de ma plainte, et
prêt à me jeter à ses pieds pour lui en faire ré-
paration, s'il ne m'eût tendu la main en signe
de pardon. Patient et infatigable, rien ne lui
coûtait pour s'éclairer; il n'y épargnait ni le
temps ni la peine, et l'heure de minuit le surpre-
nait souvent à ses référés. Officieux et religieux,
il s'employait de tous ses moyens à concilier les
parties; à ramener la concorde dans les familles
et la paix dans les ménages. Jamais il n'autori-
sait les demandes en séparation, qu'il n'eût fait
venir le mari et la femme pour les entendre

chacun en particulier, les exhorter à la réconciliation, et les réunir s'il lui était possible; sensible et généreux, il lui est arrivé de payer pour des misérables la somme des condamnations qu'il s'était vu obligé de prononcer contre eux; on en lit un trait rapporté dans la Biographie: il faut y ajouter, que M. Angrand, qui voulait éviter qu'on le reconnût, lorsqu'il courut à la maison d'arrêt où le condamné contraint par corps venait d'être conduit, s'enveloppa d'une redingote; mais il ne put échapper au regard du concierge habitué à l'introduire dans les visites qu'il faisait aux prisons dont il avait la surveillance, et par qui cet acte de bienfaisance a depuis été publié. C'est par tous ces actes de générosité et de justice, répandus dans toutes les classes de la société, qu'il avait mérité le titre qui lui fut donné de père du peuple.

Le désordre dans les finances, et la résistance du parlement de Paris à l'adoption de nouveaux impôts, fit chercher d'abord des ressources dans une assemblée des notables, dont M. Angrand d'Alleray fit partie. Cette mesure resta sans effet, par la persévérance de l'opposition parlementaire, et la diversité des opinions qui se formèrent dans cette assemblée: il fallut en venir à la convocation des états-généraux dont les membres du parlement, qui l'avaient provoquée, furent loin de prévoir quelles pourraient être les conséquences.

Cette convocation eut lieu dans les formes anciennes, en trois ordres séparés, le clergé, la noblesse et le tiers-état. On ne sait où l'auteur de la notice insérée dans la Biographie, a pris que M. Angrand d'Alleray fut choisi par le roi pour présider une des sections de la noblesse, et que les membres de cette section lui déclarè-rent qu'ils ne voulaient plus pour chef un com-missaire du roi, sur quoi M. Angrand se serait retiré. Il y a là autant de suppositions que de cir-constances: M. Angrand n'a été nullement nommé commissaire par le roi, et ne s'est point présenté pour présider une section de la noblesse, qui n'a aucunement été dans le cas de le repousser comme commissaire. M. Angrand était, par le droit de sa place, appelé à présider l'assemblée générale des électeurs du tiers-état de Paris; il s'y rendit, assistant le prévôt de Paris, Bernard de Boulainvilliers, qui ouvrit l'assemblée par un discours; et ce fut là, qu'au nom de l'assemblée générale rivalisant d'indépendance avec les sec-tions du tiers-état, sur les motions des avocats Target et Camus, M. Angrand fut invité, et vi-vement sollicité de recevoir la présidence de l'assemblée qui ne voulait reconnaître qu'un président de son choix. M. Angrand s'y refusa,

exposant avec autant de dignité que de force les
motifs de son refus, tirés de son droit et de son
devoir, de sa soumission au roi, et de son respect pour les constitutions françaises; et sur l'in-
sistance de plusieurs orateurs, «non, Messieurs»,
déclara M. Angrand, avec force, et avec un ac-
cent que je crois encore entendre, «je n'y con-
sentirai jamais»; puis, après avoir protesté
contre la contrainte à laquelle il se voyait forcé
de céder, il déclara qu'il allait rester au cabinet
qu'il avait dans le local de l'assemblée qui se te-
nait à l'archevêché, prêt à servir et à protéger
l'assemblée, s'il en était requis; et il se retira,
ainsi que le procureur du roi et les autres offi-
ciers du Châtelet qui l'accompagnaient. Témoin
comme électeur de ce qui s'est passé, je peux
certifier la fidélité de mon récit; le procès-verbal
qui fut alors dressé des séances de cette assemblée électorale, est loin d'exposer le fait tel
qu'il a eu lieu. Peu de temps après, M. Angrand
d'Alleray donna sa démission de l'office de lieutenant civil, et passa au Conseil d'État.

Plusieurs années s'écoulèrent, et les excès révolutionnaires allèrent toujours croissant; les
séditions, les spoliations, les meurtres, les mas-
sacres, portèrent au dernier degré la désolation
dans toute la France, et la terreur dans les familles; la mort du roi y mit le comble. La loi

des suspects, au 17 septembre de la même an-
née, ouvrit partout des prisons, où la démago-
gie, la rivalité, la haine, la vengeance précipitè-
rent, avec des milliers de citoyens, les hommes les
plus élevés en dignité, les plus recommandables,
tous voués à la mort. M. Angrand d'Alleray fut
de ce nombre; je le trouvai dans la prison des
Madelonettes, où je fus jeté le jour même de la
promulgation de la loi : il y était avec MM. de la
Michaudière, ancien prévôt des marchands;
Decrosne, lieutenant de police; de Boulainvilliers,
prévôt de Paris; M. de la Tour-du-Pin, ex-ministre
de la guerre; M. Delacharse, parent de M. de la
Tour-du-Pin; M. de Nicolaï, président de la
chambre des comptes, et deux cents autres détenus. C'est là, et dans cette situation, que j'eus
lieu de connaître dans toute son élévation la
belle âme de M. Angrand d'Alleray : les traits
que j'en vais rapporter égalent, s'ils ne surpas-
sent, tout ce qu'on peut connaître en ce genre.
J'occupais une chambre en face de celle où
M. Angrand était logé, dans un corridor où
toutes les chambres ne pouvaient contenir qu'un
lit. Je le voyais tous les jours; je restais avec lui
une partie de la matinée; et, comme on peut le
penser, nos entretiens avaient pour sujet tout
ce qui se passait, les évènemens qui se succé-
daient, ce qui en pénétrait dans la prison, et le

sort dont nous étions menacés. Parut la loi dite
« de l'emprunt forcé », qui obligeait chacun à
faire, sous peine capitale, déclaration de son
avoir en toute nature de biens, pour être admis
(était-il dit par une odieuse dérision) au « bénéfice de la loi ». Ce bénéfice était une réserve de
« mille francs de revenu », et autant pour la
femme, si l'on était marié, quel que fût d'ailleurs le revenu total. M. Angrand avait de 80 à
100 mille livres de rentes; je croyais qu'il y
avait lieu de déplorer pour lui cette étrange
spoliation; je fus étonné de sa résignation pour
son compte personnel; il ne plaignait que sa
femme et ses enfans. «Moi», me dit-il, «avec
mille francs je serai fort bien; je n'ai pas ici be-
soin de plus; Vaubertrand a soin de moi, il m'a
fait mettre ce petit poêle » (Vaubertrand, concierge de la prison, l'avait été de la maison de
détention, dite la Force, où il avait souvent reçu
le lieutenant civil dans ses visites; il avait pour
lui, aux Madelonettes, tous les égards possibles):
« je vais », ajouta-t-il, « m'occuper de ma déclaration; venez me voir, quand j'aurai lu la loi,
nous en causerons ensemble ». Je lui dis que
j'étais à ses ordres; que quant à moi, dont la
fortune était dans ma profession, je ne ferais
aucune déclaration; je me rendis peu de jours
après à son invitation; nous lûmes la loi, et nous

la discutâmes; et d'après l'opinion à laquelle nous nous arrêtâmes, il dressa sa déclaration, qu'il me lut. Balançant l'actif et le passif, je remarquai une lacune et un déficit d'environ 80,000 francs; étonné d'ailleurs du scrupule et de l'espèce de religion avec laquelle il traitait un acte semblable, je lui demandai l'explication de ce déficit, et comment il le laissait subsister. « C'est » me dit-il fort tranquillement, « ce que j'ai fait passer à mes enfans en émigration ». Comment! m'écriai-je, et si vous êtes interrogé sur cette lacune, que direz-vous? «Je dirai la vérité ». Comment! repris-je, vous croyez de voir des vérités de ce genre aux tyrans qui nous oppriment? «Rien ne me la fera jamais trahir », répliqua-t-il; «et d'ailleurs, quoi de plus naturel? devais-je laisser manquer mes enfans du nécessaire»? Mais, lui dis-je, serait-ce donc manquer à l'honneur que de couvrir par l'énonciation de quelque autre emploi, et dans l'intérêt même de vos enfans, ce qui vous expose au plus grand danger; puis, me reprenant aussitôt sur cette crainte, «mais de danger, je n'en suppose point pour vos jours; vous, M. le lieutenant civil, honoré comme vous l'êtes; vous qu'on nomme si justement père du peuple». A ces mots, à mon grand étonnement, se tournant vers moi avec vivacité : «Comment »! me dit-il

en se frappant la poitrine, « je suis bon Français,
et la guillotine est faite pour moi »! Je restai
stupéfait. On ne saurait s'attendre à une telle
réponse, à laquelle l'histoire n'a rien à compa-
rer : ce qu'il s'était promis, il l'a exécuté ; il a
voulu la mort, qu'il a obtenue.

Le procès fait à la reine eut lieu pendant que
nous étions encore ensemble aux Madelonettes ;
M. Angrand avait mis dans sa résolution de se
présenter pour son défenseur, et il composait
son plaidoyer : dans des réunions avec MM. de
la Michaudière et de Crosne, il nous entrete-
nait de ce dessein avec enthousiasme, et il nous
communiqua son exorde, qui était noble et
digne de son objet. Je lui disais qu'il était fort
à présumer que les plus grands efforts seraient
inutiles ; qu'on ne faisait pas le procès à un roi
pour le juger, mais pour le tuer : il persistait à
se flatter que la reine, bien défendue, pouvait
être sauvée ; il ne put faire parvenir sa proposi-
tion. Au mois de novembre, je fus avec plusieurs
autres détenus transféré de la prison des Madelonettes à celle de Port-Royal de la ville, rue
de la Bourbe, près l'Observatoire, dite par dérision, « de Port-Libre », où nous étions huit
cents détenus, et où j'appris plusieurs mois
après que M. Angrand, traduit au tribunal révolutionnaire, et de là conduit au supplice,

avait dignement effectué ce qu'il s'était promis.

Ce qui s'est passé à ce tribunal, et les paroles de M. Angrand, ne furent pas précisément ce qui est rapporté dans la notice de la Biographie. Fouquier-Tainville, accusateur public près le tribunal révolutionnaire, auteur et complice d'assez de crimes, sans celui-ci, avait été procureur au Châtelet : connaissant les mérites infinis de M. Angrand d'Alleray, habitué à lui porter respect, il ne put se défendre de l'impression que lui fit la situation de ce magistrat vénérable ; contraint par le nommé Héron, secrétaire du comité de sûreté générale, qui poursuivait le lieutenant civil, de le mettre en jugement, il chercha à lui suggérer des réponses qui pussent le sauver. Ce ne fut pas un des jurés qui, sur le fait de l'argent envoyé en émigration à son gendre, M. de la Luzerne, lui fit l'objection, « ignorais-tu la loi qui le défendait », mais Fouquier-Tainville lui-même, qui lui exprima et réitéra la question, de manière à lui faire entendre que sa réponse pouvait le sauver. C'est ce qui m'a été rapporté par plusieurs personnes qui avaient assisté à cette audience : « Non », répondit l'homme vertueux et vrai, au péril de sa vie ; « non, je ne l'ignorais pas ; mais je connaissais la loi de nature qui me commandait de faire vivre mes enfans » : sur cette réponse, il fut conduit à l'échafaud. C'est ainsi que M. Angrand d'Alleray a dignement accompli ce qu'il m'avait protesté. La fin de cet homme illustre a vérifié sa passion de mourir comme un bon Français, pour l'honneur et pour la vérité.